U0053155

願我化作一棵樹

學習人生中幸福的必修課

安妮·戴維森 Annie Davidson／圖
麗茲·馬文 Liz Marvin／文
Nakao Eki Pacidal／譯

HOW TO BE MORE TREE
Essential Life Lessons for
Perennial Happiness

三民書局

目次

導　論

　　樹木令人驚嘆，他們能將二氧化碳轉化為氧氣，這對於需要呼吸的生物來說非常重要。但你可知道，樹木之間也會建立聯絡網，在受到威脅時採取行動，即使被夷平了，都還有種種聰明辦法能夠維繫生長？樹木存在約有四億年之久，在這可觀的時間裡累積了深遠的智慧，已然成為適應、生存、繁榮的大師。

　　我們人類的存在既複雜又令人困惑，要保持頭腦清醒、心靈快樂並非易事。當你被惱人事物煩心，當你身心蒙受傷痛，當你忘卻沐浴於陽光的享受，我們希望你能在本書中找到啟發，幫助你面對人生裡的磕絆青瘀。所以，坐穩了，讓和風吹拂你的頂冠，且來發掘向樹看齊之道。

始於渺小，終於偉大

日本楓 JAPANESE MAPLE

有所懷抱時，總不免希望美夢轉瞬成真，但誠如智者所言，耐心無關等待，而是關乎等待之道。日本楓體現了這一切。這些小樹生長於生活步調緩慢的山野，冬季嚴苛，不利伸展。然而最終，他們長成驚人的深秋紅葉，曼妙姿態渾然天成。

耐心是一種美德

紫杉 YEW

耐心、規劃、自省，都有助於我們找到方向。紫杉就像充滿智慧的老祖母——相傳與魔法有關，壽命可達兩千年。然而紫杉老樹樹幹中空，讓人無法數算年輪，絕不輕易暴露年紀。他們長壽的祕訣在於生長緩慢，而發展出的廣泛根系，則可以儲存營養，以備受傷的不時之需。所以，學習紫杉的生存之道吧，不疾不徐，且以一點神祕作風怡然自得。

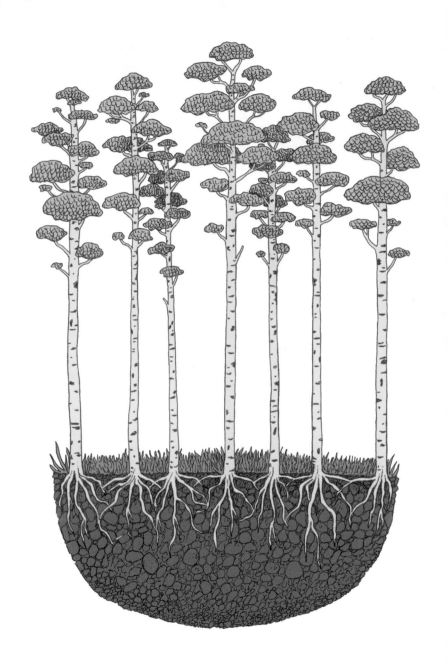

善用他人的力量

白楊 ASPEN

花點心力與周遭的夥伴合作，可能會帶來豐碩的成果。白楊深知沒必要佯裝自己是個獨行硬漢。事實上，讓自己成為大我的一部分，正是白楊的力量泉源。白楊樹筆直挺立，乍看就像高大驕傲的人，但在表面之下，他們都屬於一個有機的整體，所有樹木都在根部系統彼此相連，只要有一棵樹靠近水源或重要養分，就能夠澤及全體。

你不是一個人

榆樹 ELM

榆樹不會怯於在困境中求助。遭到毛蟲攻擊時,榆樹會釋出吸引寄生蜂的費洛蒙,寄生蜂則會產卵在毛蟲身上,替榆樹緩解威脅。我們往往以為倚靠自己才是成功的關鍵,榆樹卻明白不求掌控一切的道理。該招蜂的時候就招蜂。

適應環境

美洲山毛櫸 AMERICAN BEECH

你曾經為瑣事費心嗎？美洲山毛櫸的祖先就是如此。
這種樹本來生在熱帶，樹幹的裂隙總是有惱人的附生
植物生長。於是美洲山毛櫸發展出光滑可人的樹皮，
附生植物也就無所附麗了。注重培養平穩安定的外在，
自然能夠擺脫人生的附生植物。

活出真實的自己

鵝耳櫪 HORNBEAM

人很難在任何情況下都忠於自己，改變自己迎合他人的誘惑經常出現。忠於自己意味著接受自己、享受自己。樹可不會浪費葉綠素去充當別的樹。樹專注於自己的成長，並不理會其他樹木做何打算。看看謙虛的鵝耳櫪吧，他不特別高大，花朵不特別俏麗，也不結可口的果實。但鵝耳櫪已經存在了數千年，長得強壯結實，並不希求一輪掌聲。

永遠有個方案B

黑刺李 BLACKTHORN

常保備案總是對的，畢竟誰知道何時會有飛來橫禍？曾為了釀製黑刺李琴酒而採集黑刺李的人就知道，那傢伙渾身都是刺，但就連黑刺李也有備案，以免哪天連刺人這一招都失靈。枝幹被折斷的時候，黑刺李會釋放出名為茉莉酮酸的「癒傷激素」，這是調節劑中的王者，可以動員所有的化學防禦機制，修復樹木的各種系統。

愛你所居

柳 WILLOW

疏於打理周遭環境，自己的生活也無法過得豐盈。柳樹不容許河岸邋邋遢髒亂，其根系能鞏固鬆散的土壤，並將水中的汙染物質進一步轉為肥沃的硝酸鹽，為自己施肥。照顧自己很容易，可以從換一床新被單開始，或者來一頓豐盛的午餐，也可以始自一片穩固的河岸。

向陽而生

山地鐵杉 MOUNTAIN HEMLOCK

血清素別稱「快樂物質」，因為腦中血清素濃度較高的話，會產生更多正向平靜的感受。雖然科學家不清楚原因，但他們認為人們曬太陽時腦部會釋出較多的血清素。多花點時間待在戶外無疑對我們有益。樹木沒了陽光就無法生存，而山地鐵杉等針葉樹尤其需要陽光。當外頭陽光普照，而你卻只想待在室內時，不妨這麼想：山地鐵杉有腳的話，一定會每天奔往陽光明媚處。

找到屬於你的歸宿

赤楊 ALDER

各人所需皆不相同，重點在於找出何者能夠為己所用。有人喜愛充沛的陽光，有人偏好勁風吹拂的艱險山巔。大多數人都不會喜歡整天與沼澤為伍，但這偏偏就是赤楊的最愛，祕密在於赤楊根瘤裡的細菌。赤楊供給細菌需要的糖分，細菌則給予赤楊溼地土壤所欠缺的養分。因此，別的樹木無法生存之處常有赤楊興盛。

支撐你的，是你的心

黑胡桃 BLACK WALNUT

專心打造自己的內在力量，如此便有堅實的身軀支持你度過每一日的高壓生活。樹木正是箇中高手，畢竟在風力強勁的日子裡，是樹幹撐起了所有枝葉的重量。樹幹最中心的木材稱為心材，黑胡桃木的心材尤其堅若鋼鐵。他們的美觀和力量受人仰慕，心材更是能夠承受巨力而不致斷裂。

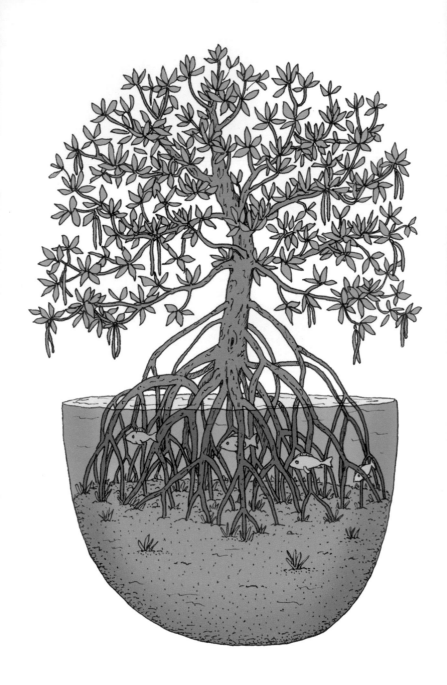

計劃未來

紅樹林 MANGROVE

生活總是充滿掙扎，日復一日地應對生活瑣事令人沮喪。雖說未雨綢繆不免累人，但及早規劃總會獲得回報。紅樹林適應力驚人，能存活於鹹水當中，甚至聰明地利用水來傳播新生。紅樹林繁殖不用種子，而是從母株上長出稱為胎生苗的小樹苗，長大後就脫離母株，順著海潮漂流，在他處生根落戶。

多往好處想

馬栗 HORSE CHESTNUT

懂得活在當下，好運到來時才能夠把握利用。每年五月，馬栗開出有如燭火般的美麗穗狀花序，香氣吸引許多昆蟲前來享用花粉盛宴。這美好的氛圍嘉惠授粉，到了秋天，馬栗枝幹上便掛滿沉甸光亮的栗實。當然，總有冬天降臨的一日，但陽光照耀之時，且及時行樂。

別害怕突破現狀

英桐 LONDON PLANE

走出舒適圈，你會發覺自己的才華不止於此。英桐是法桐和美桐的後代，並非土生土長的都市樹種，但他擁抱新環境，完美適應都市生活。英桐藉由剝落樹皮來擺脫煤灰等汙染物，根系則堅毅不懈地深入都市規劃者粗魯鋪設的柏油路面。

放慢腳步，充分休息

銀冷杉 SILVER FIR

人們說「趁著天晴曬乾草」，那太陽沒露臉時就放下耙
子與重擔吧。銀冷杉這類的針葉樹最明白輕鬆以對的
道理。這些樹木和闊葉樹不同，全年都長著針葉，因
此在有陽光的冬日也多少能行光合作用。不過每年的
這個時候，他們確實會慢下腳步，致力於減少葉面水
分流失。

昂首自信

猢猻木 BAOBAB

猢猻木讓我們了解位居高處的優點。很難禮貌地形容這種樹，只能說他長得有點⋯⋯怪，但技藝驚人。在生存環境艱困的非洲草原上，其他的樹種的枝葉免不了被山羊或長頸鹿蠶食，猢猻木卻得擔心口渴的大象刺穿他柔軟的樹皮。猢猻木的壽命長達兩千年，可能是唯一大到足以儲水的樹種。這棵彷彿倒立生長的大樹實在令人嘆為觀止。

盡情揮灑創意

冬青 HOLLY

有時面對問題可以不正面解決，橫向思考才能扭轉局勢。樹木也有此智慧，身處不同海拔高度的樹，往往會長出不同型態的葉子，例如葉片中葉綠素的數量就取決於接收到的陽光多寡。但冬青比這更進一步，讓低處的葉子長出較多的刺，因為低處的葉子比高枝更容易被路過的動物啃食。所以，遇到困難時，不如效法冬青勇於創新的精神！

生命因為付出而美好

橄欖 OLIVE

付出使人快樂，這聽來有點奇怪，但確實如此，甚至還有研究可資佐證，不過橄欖樹可不用參考這些研究，早在數千年前他就已經通曉箇中道理。橄欖樹生活在乾旱炎熱的氣候和貧瘠的土壤，照理說應該會勤於關照自己，但他卻結出比其他樹種所含能量更高的果實，且直到將近千歲都還能結果。自從新石器時代以來，這慷慨的樹木一直是無情氣候下人們食物、藥物和油脂的來源。

自訂疆界

銀白楊 WHITE POPLAR

被迫脫離舒適圈往往無法令人輕鬆愉快。銀白楊在很
多方面都自有辦法，好比他能適應各種類型的土壤，
又能迅速地在剛整理好的地面生根落戶。但銀白楊討
厭陰影，他需要陽光才能蓬勃生長，所以有陽光的地
方就有銀白楊。為自己設立界線就是這麼簡單。

致親愛的朋友

非洲相思樹 AFRICAN ACACIA

樹木通常沒有我們想像得那麼被動，也比我們認為得更懂交際。非洲相思樹深諳照顧朋友之道。每當有厚臉皮的羚羊或長頸鹿停下來意圖飽餐一頓，非洲相思樹會釋出乙烯氣體來警告其他的樹木，其他的樹就會釋放對草食性動物有毒的單寧酸到葉片裡。所以，為人應如相思樹，懂得照顧朋友，有難時要相互幫忙（但小心別出氣過多）。

時候到了，
請別吝於休息
落葉松 DAHURIAN LARCH

疲倦與不知所措的時候，我們看待世界的方式也會跟著轉變，可能看到影子就以為床下潛伏著怪物。如何化解呢？唯有休息，並對自己好一點。看看落葉松的葉子……呃，應該說葉子們？這位生存專家，生長在極北的緯度，藉著搖落針葉進入休眠而度過西伯利亞的漫漫嚴冬，直到溫暖天候再臨。

那些生命中的
微小奇蹟

巴西莓櫚 ACAI PALM

有時一點微小善舉就能給人雲破日出的感覺。與人共
享小確幸是快樂的泉源。以巴西莓櫚為例,這種樹於
生態複雜的亞馬遜雨林深處蓬勃,以分享關愛為己任。
他可人的花粉招來兩百多種昆蟲,美麗且營養的深紫
色漿果則是鳥類、爬蟲類與許多生物的大餐。

接受，並勇於蛻變

膠冷杉 BALSAM FIR

樹木往往無力應對突來的乾旱或寒風，畢竟他們不可能飛去別處過冬。樹木必須接受一切，並適應突發狀況，因此他們也變得相當靈活。例如膠冷杉就發展出不必落葉也能在高緯度的北方存活的辦法。他全年都能行光合作用，還能分泌不會結凍的濃稠樹脂。當然，改變總是令人不適，但這種不適通常有助於成長，不論對人或對樹皆然。

無力改變，就坦然以對

藍液樹 SÈVE BLEUE

有些事情我們有能力改變，有些事情我們只能面對。發覺自己住在有毒金屬當中應該會有點不安吧？但住在新喀里多尼亞的藍液樹卻找到一種極其聰明的方法來因應土壤中高濃度的鎳。藍液樹藉由檸檬酸將鎳以無害的方式儲存在樹液當中，樹液因此呈現藍色。如果改變不了令人困擾的事，設法與之共存比無端煩惱要有用得多。

走出屬於自己的路

榕樹 BANYAN

條條大道通羅馬，我們不見得都要走同一條路。巨人般的榕樹古怪又奇妙，樹冠傲視群樹，生命卻不始於土裡。榕樹的種子積極進取又特立獨行，會像附生植物一樣生長在別棵樹的縫隙中，從周遭環境汲取水分和養分，站穩腳跟後就從樹枝上直接生根入地。為樹之道真的不止一種。

探向蒼穹

膠木 GUTTA-PERCHA

膠木提醒我們絕對不要停止學習和成長，也不要忘記自己的目標。他很清楚自己想要什麼，並為此勇往直前，在馬來半島的熱帶雨林裡贏得可敬的名聲。膠木知道，想在那樣的環境裡享受陽光，就得儘快長到森林樹冠層。於是膠木長得高大筆直，在觸及樹冠層之前幾乎從不分心橫生枝葉。

專注正向

駝峰楝 GUAREA

生活裡難免有被打倒的時候，而我們要學著找到重新
起步的方法。不過對樹木而言，這是知易行難。熱帶
風暴橫掃中南美洲時，駝峰楝只能盡力支撐，但有時
不敵強風，還是應聲倒地。雖說橫陳在地，駝峰楝並
不屈服，很快地又在倒地的樹幹上生出新芽，以自身
的養分和水分為食，直到這些「複製樹」得以生根自
立。

不一樣又怎樣

龍血樹 DRAGON BLOOD

能夠脫穎而出又何必從眾？龍血樹好像恐龍打的傘，
樹幹高大厚實，末端聚攏成樹冠，茂盛枝葉緊密相連，
從霧氣中吸收水分。若是在樹皮上劃一道小口，樹身
還會流出深紅色的樹液。龍血樹在一六〇〇年代被引
進歐洲，不難理解當時為何被認為具有神奇特性。正
如龍血樹所說：不一樣又怎樣？

汲取過去的教訓

歐洲黑松 CORSICAN PINE

樹跟人一樣,想要枝繁葉茂,就得從過去的經驗汲取教訓。對樹木來說,強風是最艱鉅的考驗,而歐洲黑松所生長的山坡全無遮蔽,風力尤其強勁,樹林最外緣的樹木更是首當其衝。於是樹林邊緣的松樹改變生長模式,長出細長但結實的樹幹,以此應對每年冬季的強風。

活在當下

吉野櫻 YOSHINO CHERRY

有幸親眼見到吉野櫻綻放的人必將心折於那花朵之旖
旎。在短短兩週的花期裡，日本人會和家人朋友一起
外出，在這近乎純白的美麗花朵下野餐。佛教徒以此
作為一種靈修的經驗：吉野櫻之美如生之短暫，稍縱
即逝，由是而懂得珍惜眼前，把握當下。

找到問題所在

山毛櫸 BEECH

我們都曾經歷失常狀態，卻又說不出所以然。此時往往需要一點反思沉澱，才能再度回到正軌。樹木似乎沒有多少應對問題的方法，如今科學家們卻認為他們可用的工具比我們所想的多。以山毛櫸為例，當他發覺被鹿囓食，就會釋放單寧酸，讓葉子的口感變糟，但如果只是被風吹折了一小段樹枝，則會分泌能包覆傷口，並促成癒合的荷爾蒙。因此不妨效法山毛櫸，多花一點時間了解嫩枝折損的原因。

明白自己的極限

巨杉 GIANT SEQUOIA

有時，我們過於強求自己，總是不懂得把握能力所及之事。如果你正是如此，不妨想想巨杉。這種驚人的樹木可以長到摩天大樓那麼高，卻總是知所進退。樹木是以一種聰明的蒸散作用將水分輸送到行光合作用的樹冠層，但依照科學定律，這種作用只能發生在一百二十公尺以下的高度。果不其然，地表最高的樹木就是一棵被命名為巨人海柏利昂 (Hyperion)* 的紅杉，高度恰是一百一十五公尺。

* 海柏利昂是希臘神話中的巨人之一。

與時俱變

黃連木 CHINESE PISTACHE

上一分鐘還是氣候宜人的六月,暖風徐來,輕拂樹枝,下一分鐘就變成近乎霜凍的夜間。我們也跟樹木一樣,要發展出在艱困時刻維持健康的方法。樹木從葉片流失大量的水分,而在地面結凍的時候,這些水分也就無從補充,冬季的風暴對枝葉蓬鬆的樹木而言更是噩夢一場。像黃連木這樣的闊葉樹會在冬天適時落葉,暫時不行光合作用。而且黃連木落葉時別有姿態,以滿樹驚人的豔麗紅葉迎接又一個冬天。

團隊是最大的財富

花旗松 DOUGLAS FIR

樹木和人類一樣，都得益於互助網。科學家曾想不透花旗松為何生得如此密集，照理說這樣應該會阻擋彼此的陽光。後來發現，他們的根部藉由真菌的幫助而連結在一起，因而能夠相互輸送養分。花旗松運用這樣的系統來滋養下一代，還能以此支持倒地樹木留下的樹樁，使其存活下來，繼續造福其他物種。而且這個系統不只有花旗松能夠受惠，他們也很樂意協助不同樹種的鄰居。

努力生活，享受變老
寬葉白楊 COTTONWOOD

我們往往在意隨年紀而來的壞處，卻忽略成熟與經驗帶來的優勢。但我們可以想見樹木不會犯這種錯誤。事實上樹木努力變老，而且樂在其中。寬葉白楊是北美洲生長最快速的樹種，幼樹野心勃勃且積極進取，為求所成，一年就能長六呎高。隨著樹齡增長，成長速度會逐漸減緩，但寬葉白楊並不會停止生長，而是像中年的健美運動員那樣變得魁梧，吸收二氧化碳的能力可謂無樹能敵。

接納生命中的不完美

銀杏 GINGKO

總是對自己施壓，要求在所有事情上都表現出色，只會徒增壓力和失望。成就斐然的銀杏既堅韌又美麗，化石顯示他們已經存在了超過兩億年（中國有些寺廟裡的銀杏可能已有一千五百歲之老）。銀杏能存活於高度汙染的城市，甚至能熬過廣島的原子彈爆炸。每年秋天，銀杏的扇葉轉為活力充沛的豔黃色，卻結出氣味令人作嘔的果實，畢竟魚與熊掌不可兼得！

放下，也是一種選擇

歐洲黃楊 EUROPEAN BOX

樹木也會遭遇顛簸打擊，也會受傷瘀青，儘管他們不能移動，卻懂得向前邁進、開創新局的道理。他們不會浪費力氣試圖「修復」受傷部位或抵禦感染，而會將有問題的部位密封起來，以免波及健康組織。歐洲黃楊最是此中能手，從不為失去的細枝煩惱。事實上，重新分配生長激素能讓枝葉更繁茂、樹木更強壯，從而成為理想的樹籬。何妨嘗試修枝剪葉？

別忘提攜後進

糖楓 SUGAR MAPLE

既然我們都有身為林下小苗的經驗，開始站穩腳跟、分得陽光時，也別忘了提攜後進。糖楓這樣的林地樹木會利用地下網絡，將糖分注入尚在陰影中掙扎的後代樹苗。且環顧四周吧，看看群體中是否有人需要幫助才能成長。

進攻是最好的防守

落羽松 BALD CYPRESS

有時候光是出門走走，對自己好一點，就能改善心情。
但也有些時候，我們遇上非解決不可的問題時，主動
迎擊反而可以帶來力量。沼地的落羽松深通此中三昧。
他能將空氣輸送到水面下的根部，也能吸收洪水，以
免水鄉之家受到侵蝕，甚至還有助於擺脫汙染。

為你的長處乾杯

梣樹 ASH

我們往往不由自主去跟人比較，樹木卻知道真正的自信來自於珍視內在。木材強度最高的梣樹生長快速，但並不是春天最早抽芽的樹種。山毛櫸和橡樹開枝展葉，讓下方樹木難以生長，梣樹的樹冠卻蓬鬆稀疏，讓下方樹木能在半遮蔭下發芽。一言以蔽之：梣樹強壯有自信，但陣雨來時可就幫不上忙了。

學習自立

紐西蘭貝殼杉 KAURI

知道自己有能力應對任何問題，自然就有自信，紐西蘭貝殼杉就是如此。這些雄偉巨樹不論獨處還是成林，都能存活千年以上。他們的樹幹之大，要七人聯手才能合抱，還好他們自給自足的能力驚人，方可支撐龐大的軀體。

危機即轉機

班克木 BANKSIA

澳洲班克木不是野火鬥士，發生叢林大火時全身而退的機率微乎其微，但他了解一個道理：即使毀滅性大如野火，也可以是通往新生和機會的大門。大火的高熱促使班克木釋出種子，也將下層植被清除殆盡，不畏艱難的班克木苗於是獲得了之前接觸不到的日光和養分。風水總會輪流轉，而班克木決心搶占先機。

充分利用休息時間

橡樹 OAK

樹木也跟人一樣，有睡眠不足的問題。樹木經歷整個繁忙夏日瘋狂的光合作用之後,到了冬天就只能休眠,而我們沒有落葉的經驗,不知道這個過程其實非常費力。橡樹的葉子在秋日轉成棕黃,養分被收回樹幹,枝葉之間形成一層細胞屏障,之後才會落葉。完成這項累人的工作後,橡樹樂於遊手好閒,高舉著枝枒,坐等冬夜過盡。

堅守自己的立場

歐洲赤松 SCOTS PINE

花點時間認識自己、發掘心之所向，你也可能像恬淡堅韌的歐洲赤松那般充滿自信（不過你應該不會想像他一樣鎮日飽受高地強勁風勢吹襲）。這種樹存在至少也有一萬年，當然有很多時間可以自省。這原生樹種高大魁梧，承受了過去一萬年間所有的考驗，自然發人深省。

發展你所擅長的

花楸 ROWAN

並非成為最大最壯開花最多的植物才能興盛，看看溫和的小花楸吧。從山岳之側到市郊花園，這種生長緩慢的樹木隨處可見，一年多數的時間裡可能都不受注意。花楸成功的祕訣在於秋天結出的果實。這種亮紅色果實深受鳥兒喜愛，因此花楸種子便隨著鳥兒散布到各處——事實上，花楸種子必須經過鳥類的腸道排出後才會發芽生長。

在困境中茁壯

山楂 HAWTHORN

鄉村樂女王桃莉・芭頓 (Dolly Parton) 曾說，「風暴讓樹朝深處紮根」，而樹木能夠適應強風也是事實。天有不測風雲，但如何應對取決於我們自己。樹木都想筆直生長，但像山楂這樣堅強的樹種懂得接受現實，知道在毫無遮蔽之處難以挺立。強烈的盛行風會吹壞山楂的枝端，只有背風側能夠生長，使山楂看來偏斜變形。為了避免翻覆，山楂會奮力延展軀幹，並且在對側紮根，如此一來就能達到平衡，大幅降低了在暴風雨中傾倒的可能性。

掌握最佳時機

山毛櫸 BEECH

採取主動是好事，但在準備妥當之前硬要上路，往往
不會有好結果，多才多藝的山毛櫸最懂這一點。當春
季降臨，即便山毛櫸很想儘快抽出春芽，他的根部甚
至花了整個冬季整裝待發，但山毛櫸依舊耐心等待，
直到每天至少有十三小時的光照才開始生長。天氣略
顯溫暖就操之過急立刻生長的樹木總難免懊悔，就像
趕著第一道曙光就穿上人字拖外出一樣，等陽光消失
在雲層之外，你的腳趾就要凍得發青了。

切莫強求

山椰子 SIERRA PALM

驕傲很奇妙，能讓人感覺強大，也能導致空前失利。
其實有些時候我們只要放低姿態就能度過難關。就說
生長在熱帶地區的山椰子吧，由於颶風肆虐有如家常
便飯，對高大的樹木造成極大的危險，山椰子索性在
風力強勁時甩去葉子。樹葉當然很重要，葉子也很美
觀，但要度過惡劣的天候，非得儘量縮小受風範圍不
可。再說，一旦挺過風暴，就可以再長新葉。

和諧共生
美西側柏 RED CEDAR

我們可以向樹木學習的事情很多，其中包括接納生活
裡的多姿多采並且融入其中。美西側柏生長在北美太
平洋西岸，看來好似能自力更生，但他們更愛好群聚
成林，根部相連彼此互助。鳥類幫忙散播他們的種子，
無數昆蟲和青蛙則以枝幹作為掩護棲身。

跳脫平凡，開創新生

大楓樹 SYCAMORE

勇於嘗新可以開啟個人成長的大門。我們知道世上至少有六萬個不同的樹種，是不是很神奇呢？這是他們千百年來適應環境的結果。以聰慧的大楓樹為例，無需等待結出可被鳥類和動物咀嚼的果實，他們學會將種子變成微型直升機。這碩大的種子靠著風力就能脫出母樹的庇蔭。切記——總得有人當第一個勇敢跨越舒適圈的人。

享受人生旅程

栓皮櫟 CORK OAK

人生是一段旅程，就算一切未必都照計畫展開，與其坐等風暴過去，不如設法在雨中起舞。栓皮櫟有一項特殊才能，千年以來為人類所珍視。他的樹皮厚實而富有彈性，可以保護他不受任何傷害，尤其是草原野火。即使有時候當地人擷取部分樹皮來封栓葡萄酒瓶，栓皮櫟也不介意。當然他暫時會顯得有些光禿，但他還是前行不輟，更加努力生長。他的韌性和獨特性使他成為樹中之王，在原生的葡萄牙備受重視。

千萬別浪費

黑紫樹 BLACK TUPELO

樹木是很好的老師，可以教導我們如何充分有效地利用資源。以黑紫樹為例，秋日的滿樹紅葉彷彿是在炫耀，但黑紫樹其實非常節儉。在落葉之前，黑紫樹會先確認可以為來年所用的一切都已回收。他們會重新吸收綠葉的葉綠素，只留下或黃或橙稱為胡蘿蔔素的化學物質和或紅或紫的花青素。因善用資源而帶來繽紛的美景，黑紫樹真是最佳榜樣。

為他人張開屏障

印度苦楝 NEEM

人我關係很重要，因為我們都需要親密感和愛，照顧他人則替我們帶來人生意義，並培養同理心，可進一步減輕壓力和焦慮。印度苦楝原產於印度和巴基斯坦的乾旱地區，周遭往往沒有什麼其他的植物，因此他的大樹冠就成了受歡迎的庇蔭處。印度苦楝的葉子可食，葉中還含有驅蟲物質，花蜜則深受蜂群歡迎。這種樹木慷慨且實用，自然廣受人們喜愛。

站穩腳跟

刺柏 JUNIPER

樹木讓我們了解到，只要紮根夠深，在哪裡都能夠蓬勃發展。以刺柏為例，生長在美國猶他州等乾旱地區，看來彷彿直接萌發於岩石。這堅毅的樹有個核心根，將樹固定在岩石中，樹根可以直下地下十二公尺以尋找水源，且樹根極為強韌，能夠深入岩石縫隙。刺柏也擁有細小的側根，能橫向擴展，在雨水退去之前迅速吸收水分。

不為掌聲而活

垂枝樺 SILVER BIRCH

即使工作微不足道，也該引以為傲，這能夠帶來實在的滿足感。只可惜自上個冰河期以來始終兢兢業業的垂枝樺沒辦法給自己加油打氣。由於種子細小，風力可攜，垂枝樺總是最先落腳於新整的地面，為其他樹種打理環境。而後新生林地繼續興盛，生命週期僅有八十年的垂枝樺則不待謝幕，瀟灑下臺。

留心選擇的方向

柱狀南洋杉 COOK PINE

「樹往哪邊靠，就往那兒倒。」蘇斯博士 (Dr. Seuss)*
如是說，因此我們最好確定在生活中傾向正確的事物，
依賴正確的人。一般而言，樹木偏好筆直生長，他們
的細胞內含有少量能幫助他們朝上生長的袋狀結構。
然而修長的柱狀南洋杉喜歡傾斜，可說是以一種創新
的方式來應對重力。不論生在哪裡，這種樹總是朝向
赤道傾斜，傾角隨著與赤道的距離拉長而增加。科學
家認為這種大膽舉措可能是為了讓葉片可以在不同的
緯度儘可能的接收陽光。且學習柱狀南洋杉，向有利
的方向傾斜。

* Theodor Seuss Geisel，美國作家、漫畫家，筆名蘇斯博士，
以兒童繪本聞名。

保持彈性

榛樹 HAZEL

「折而不斷」是所有樹木共通的座右銘，對人類也同樣適用。就跟我們應對生活裡的變動一樣，樹木也必須保持彈性，才不會被強風吹倒。就韌性和彈性而言，榛樹堪稱樹中的瑜珈行者。他能自主萌蘗，意謂著每年都會從樹幹基部萌生新芽，長得筆直而柔韌，千百年來為人類不可或缺的木材。榛木之道在於「堅而能屈」。

快樂操之在己

紫丁香 LILAC

誠如那首知名歌曲*所唱，你要積極正向，擺脫負面思考。若是能夠決定自己的主題曲，紫丁香很可能會選擇這一首。紫丁香了解專注於好事是踏上幸福之旅的第一步。這小樹往往生長在貧瘠的土地或汙染的都市環境，但一年總有兩週的時間，紫丁香會盛放茂密美麗的花朵，引來無數的蜜蜂和蝴蝶。

* 一九四四年的美國流行歌曲 "Accentuate the Positive"。

生活瞬息萬變，做好萬全準備

加拉桉 JARRAH

若是對未來有安全感，對現況也會感到較為放心。知道在艱困時能有所依靠，不論是情感上、實務上或財務上，都能讓人更加安然。同樣的，加拉桉希望澳洲大地的野火能夠儘快過去，雖然自己只有樹皮稍微受炙，但他也會為了更嚴重的情況未雨綢繆。加拉桉在地下長有一種稱為木塊莖的養分儲藏所，若樹的本體死了，新的加拉桉可以從木塊莖生長起來。如果損害不是那麼嚴重的話，新芽則可以直接從樹幹上萌發。不論情況如何，加拉桉都有相應對策。

傾聽內心的聲音

菩提樹 PEEPAL

對於「靈性」的解釋大概就跟樹木的種類一樣多,但不論靈性究竟有何意義,我們都得找到發掘內在聲音的方法,隨之尋得和平安適的感受。菩提,或稱佛樹,大概是最具靈性的樹了。西元前六世紀,佛陀在一株菩提樹下冥想,最終頓悟正道。從巴基斯坦、印度全境到緬甸,菩提樹每天都在提醒人們生活的心靈層面。人們在菩提樹下蓋起神廟,並以「拜訪菩提樹」作為祈禱的別稱。菩提樹的壽命長達一千五百年,是每個人都能夠從中獲取一點正向信念,並得到安適與力量的典範。

我在你身邊

喜多川泰/著　緋華璃/譯

少年與人工智慧的相遇，改變了他「悲慘」的命運。

青春非常耀眼，卻也充滿各種不安。叛逆、霸凌、讀書考試、夢想、未來、戀愛、生死離別等，面對接踵而來的疑惑，擁有萬千知識的機器人，給出唯一的解答是……？

喜多川泰用溫柔的筆觸，給無暇正視自我的現代人，帶來這個溫暖催淚的故事，年過半百也會深受感動。原來，孩子並非大人以為的無憂無慮，大人也不一定如自己想像中堅強。

一草一天堂
英格蘭原野的自然觀察

約翰‧路易斯-斯坦伯爾 (John Lewis-Stempel)/著　羅亞琪/譯

英國最詩意的自然書寫，打開感官，用心體會，徜徉在天地之美中，重拾對於大自然的嚮往與感動。

鄉間草原看似平凡，但四季遞嬗孕育出多采多姿的花草與動物。作者以農夫與作家的雙重身分，在一年的自然筆記中，分享被自然環繞的生活與新奇知識，交織人文地景和自然觀察，除生態知識外，亦深富文化底蘊。這是一本擁抱自然的書，透過作者入微的觀察與細膩的筆觸，看見大自然裡美好與複雜的一面。

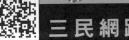

國家圖書館出版品預行編目資料

願我化作一棵樹：學習人生中幸福的必修課／安妮‧
戴維森(Annie Davidson)圖；麗茲‧馬文(Liz Marvin)
文;Nakao Eki Pacidal譯.——初版一刷.——臺北市：
三民，2020
　　面；　公分.——（Nature）
　　譯自：How to Be More Tree.
　　ISBN 978-957-14-6997-3　（精裝）
　　1. 人生哲學 2. 生活指導

191.9　　　　　　　　　　　　　　　109016767

願我化作一棵樹──學習人生中幸福的必修課

繪　　　圖	安妮‧戴維森 (Annie Davidson)
文　　　字	麗茲‧馬文 (Liz Marvin)
譯　　　者	Nakao Eki Pacidal
責任編輯	池華茜
美術編輯	楊子宜

發 行 人	劉振強
出 版 者	三民書局股份有限公司
地　　　址	臺北市復興北路 386 號 (復北門市)
	臺北市重慶南路一段 61 號 (重南門市)
電　　　話	(02)25006600
網　　　址	三民網路書店 https://www.sanmin.com.tw

出版日期	初版一刷 2020 年 12 月
書籍編號	S870901
I S B N	978-957-14-6997-3

How to Be More Tree
© Michael O'Mara Books Ltd 2019
Design and typeset by Claire Cater
First published in Great Britain in 2019 by LOM ART,
an imprint of Michael O'Mara Books Limited,
9 Lion Yard, Tremadoc Road, London SW4 7NQ
Traditional Chinese translation rights © 2020 San Min Book Co., Ltd.
Arranged through The PaiSha Agency
ALL RIGHTS RESERVED

三民書局